Guía del MacBook para personas mayores 2025

Manual práctico para principiantes para explorar todas las funciones, navegar por macOS y usar tu portátil con confianza y claridad

ALBERT F. JOHNSON

RENUNCIA

Este libro es solo para fines educativos e informativos. No está afiliada ni respaldada por Apple Inc. Todos los nombres de productos y marcas comerciales pertenecen a sus respectivos propietarios.

Si bien se ha hecho todo lo posible para garantizar la precisión, el autor y el editor no son responsables de ningún error, cambio en el software o resultados que resulten del uso de esta guía. Para obtener la información más actualizada, consulte el soporte oficial de Apple.

Siempre usa tu propio juicio y busca ayuda profesional si no estás seguro de algún paso.

TABLA DE CONTENIDO

Introducción

Si tienes este libro en tus manos, o lo abres en una pantalla, permíteme comenzar diciendo: **estás exactamente donde necesitas estar.**

Tanto si es la primera vez que utilizas un MacBook como si llevas un tiempo intentando descubrirlo por tu cuenta, esta guía está aquí para ayudarte, con paciencia, claridad y sin presión. Porque aprender algo nuevo, especialmente cuando se trata de tecnología, no se trata de cuán joven o rápido eres. Se trata de contar con el apoyo adecuado.

¿Por qué existe este libro?

A demasiadas personas mayores se les ha hecho sentir que han "perdido el tren" en lo que respecta a la tecnología. Tal vez hayas pedido ayuda y te hayas sentido ignorado. O tal vez cada vez que intentas aprender, las instrucciones están llenas de jerga tecnológica, letra pequeña y pasos que asumen que ya sabes más de lo que sabes.

Este libro fue escrito para cambiar eso. Fue creado para decir: **no estás atrasado. No estás solo. Y sí, absolutamente puedes hacer esto.**

Tu MacBook es una herramienta increíble. Pero como cualquier herramienta nueva, es más fácil de usar cuando alguien te muestra cómo hacerlo, con paciencia, un lenguaje sencillo y una sonrisa.

Lo que encontrarás en el interior

Aprenderá a:

- **Enciende y configura tu MacBook** desde cero

- Comprender lo que realmente hacen todos los iconos, menús y botones

- Usa el correo electrónico, FaceTime, Safari y Fotos con facilidad

- Ajuste la configuración para obtener **texto más grande**, mejor sonido y mejor visibilidad

- Manténgase **seguro en línea** y evite estafas comunes

- Descarga apps útiles, administra archivos y mantén tu Mac organizado

- Resuelva pequeños problemas *sin pánico ni frustración*

Cada capítulo incluye **instrucciones paso a paso** y **explicaciones sencillas** que nunca suponen conocimientos previos.

No es necesario ser "experto en tecnología". No es necesario que hayas crecido usando computadoras.

Solo necesitas ganas de aprender, y esta guía se encargará del resto.

Tómate tu tiempo: este es tu viaje

Esto no es una carrera. Puedes tomarlo un capítulo a la vez, saltar a lo que más te interese o leerlo con un amigo o familiar.

Aquí no hay presión, solo progreso. Un progreso pequeño y constante que genera confianza real.

Muchas personas eligen este libro porque quieren sentir menos miedo de su MacBook.

Pero lo que se llevan es mucho más: **libertad, conexión y un renovado sentido de independencia.**

Imagínese hacer videollamadas a sus nietos, organizar sus fotos familiares, buscar recetas, ver sus programas favoritos o escribir sus memorias, todo en su propia MacBook.

Eso no solo es posible, sino que está a punto de ser fácil.

Así que comencemos este viaje juntos. **Eres capaz. Eres inteligente. Ya estás listo.**

Y lo más importante, no estás solo.

Capítulo 1: Primeros pasos

¿Qué es un MacBook y por qué es diferente?

Una **MacBook** es un tipo de computadora portátil fabricada por Apple. Es pequeño, liviano y potente, lo que significa que puede usarlo en cualquier lugar para hacer cosas cotidianas como navegar por Internet, escribir correos electrónicos, ver videos o hablar con sus seres queridos en videollamadas.

Lo que hace que una MacBook sea diferente de otras computadoras portátiles es cómo se ve, cómo se siente y cuán simple puede ser una vez que la entiende. Apple diseña sus productos para que sean limpios y fáciles de usar, pero si eres nuevo en él, las cosas pueden parecer desconocidas al principio.

14

No pasa nada, esta guía te ayudará a sentirte cómodo, paso a paso.

Hay dos tipos principales de MacBooks:

- **MacBook Air** : este es el modelo más liviano y delgado. Es ideal para el uso diario.

- **MacBook Pro** : es un poco más pesado y rápido, y a menudo se usa para tareas más exigentes como editar fotos o videos.

Cualquiera que tengas, este libro se aplica a ambos. No tienes que preocuparte por los detalles técnicos. Si dice "MacBook" en el frente, estás en el lugar correcto.

Resumen de modelos: Air vs. Pro (y cómo conocer el tuyo)

Para comprobar qué modelo de MacBook tienes:

1. Haz clic en el **logotipo de Apple** en la esquina superior izquierda de la pantalla.

2. Selecciona **"Acerca de esta Mac"**.

3. Aparecerá una ventana que muestra el modelo (por ejemplo, "MacBook Air (M1, 2020)" o "MacBook Pro (2022)").

Conocer tu modelo puede ayudarte si alguna vez necesitas ponerte en contacto con el Soporte técnico de Apple o instalar actualizaciones. Pero durante la mayor parte de este libro, no tendrás que volver a pensar en ello: mantendremos las cosas simples y universales.

Consejo: Escribe el nombre de tu modelo en una nota adhesiva y guárdala dentro de tu libro para futuras referencias.

Cargar, encender y usar el trackpad

Vamos a poner en marcha tu MacBook.

Cómo cargar:

- Conecta el extremo pequeño del cable de carga en el **puerto** del lateral de tu MacBook.

- Enchufe el otro extremo a un tomacorriente de pared.

- Un pequeño símbolo de rayo en la pantalla mostrará que se está cargando.

Nota: Los MacBooks utilizan **cargadores MagSafe** o **USB-C,** según el modelo. No te preocupes, ambos funcionan de la misma manera.

Cómo activarlo:

- Solo tienes **que levantar la tapa** de tu MacBook, ya que debería encenderse automáticamente.

- Si no es así, presione el **botón de encendido** (generalmente en la esquina superior derecha del teclado o parte del botón Touch ID).

Una vez que esté encendido, verá el logotipo de Apple y luego su escritorio o pantalla de inicio de sesión.

Entendiendo el trackpad:

El trackpad es el cuadrado grande y plano justo debajo del teclado. Es como un ratón, pero incorporado.

A continuación te explicamos cómo utilizarlo:

- **Mueva el dedo** sobre él para mover el puntero en la pantalla.

- **Toque con un dedo** para hacer clic en algo.

- **Toque dos veces rápidamente** para hacer doble clic.

- **Haz clic y mantén pulsado** y, a continuación, arrastra el dedo para

19

mover elementos (como arrastrar un archivo).

- **Usa dos dedos** para desplazarte hacia arriba o hacia abajo, como si estuvieras deslizando el dedo en un teléfono.

Tómate un momento para probarlo. Puede parecer nuevo al principio, pero a la mayoría de las personas mayores les resulta más fácil que usar un mouse por separado una vez que se acostumbran.

Descripción del escritorio y la navegación básica

Una vez que se inicie su MacBook, verá el **escritorio** : esta es su base de operaciones, como su escritorio en el mundo real.

Esto es lo que notarás:

El escritorio:

- Es posible que veas una imagen de **fondo** (fondo de pantalla) y algunos **iconos** , como tu disco duro o archivos descargados.

- Piensa en ello como una mesa donde puedes colocar cosas a las que quieras acceder fácilmente.

La barra de menú (parte superior de la pantalla):

- A la **izquierda**, verás el logotipo de **Apple**. Haga clic en él para ver la configuración del sistema, como apagar o reiniciar.

- Junto a él hay menús que cambian según el programa que esté utilizando (por ejemplo, "Safari" o "Fotos").

- A la **derecha**, verás pequeños símbolos: Wi-Fi, duración de la batería, sonido, fecha/hora.

El Dock (parte inferior de la pantalla):

- Se trata de una fila de **iconos de aplicaciones** , es como una bandeja de herramientas.

- Haga clic en un icono para abrir un programa (por ejemplo, Safari para navegar por la web).

- Puedes añadir o eliminar aplicaciones del Dock en cualquier momento.

El Buscador:

- El **Finder** es el icono de la cara sonriente azul y blanca en el Dock.

- Haz clic en él para abrir tus archivos, fotos y carpetas. Piense en ello como su archivador digital.

Ejercicio de práctica rápida

☑ Enciende tu MacBook

☑ Mueve el puntero con el trackpad

☑ Haz clic en el icono del Finder en el Dock

☑ Abrir una carpeta (como "Descargas")

☑ Cierra la ventana haciendo clic en el círculo rojo en la parte superior izquierda

Si acabas de hacer eso, ¡felicidades! Ya estás navegando por tu MacBook como un profesional.

Capítulo 2: Dominar el teclado y el trackpad

Conceptos básicos del teclado y teclas especiales

El teclado de tu MacBook es tu principal forma de escribir letras, números y comandos. Si bien se parece a cualquier teclado estándar, Apple incluye algunas teclas adicionales que pueden ser desconocidas si eres nuevo en las Mac.

Vamos a desglosarlo:

Claves más comunes:

- **Letras (A-Z)** y **números (0-9):** igual que cualquier teclado.

- **Barra espaciadora** : agrega un espacio entre las palabras.

- **Return/Enter** : inicia una nueva línea o confirma una acción.

- **Eliminar** : borra el carácter a la izquierda del cursor.

Teclas especiales para Mac:

- **Comando (⌘):** a menudo se usa con otras teclas (por ejemplo, Comando + C para copiar).

- **Opción (⌥):** agrega funciones adicionales cuando se presiona con otras teclas.

- **Control (Ctrl):** se utiliza para determinados accesos directos.

- **Función (fn):** se encuentra en la parte inferior izquierda; se puede usar para acceder a funciones especiales o dictar texto (modelos más nuevos).

- **Escape (esc):** cancela acciones o cierra ventanas pequeñas.

- **Touch ID (en los modelos más nuevos):** actúa como un botón de huella dactilar para desbloquear tu Mac.

💡 **Consejo para personas mayores:** Si no está seguro de lo que hace una tecla, intente presionarla suavemente y observe lo que sucede: no ocurrirá nada dañino. La mayoría de las funciones se pueden deshacer.

Cómo usar los gestos del trackpad

El **trackpad** es la versión de Apple de un mouse: responde a los movimientos de los dedos, llamados **gestos**. Estos son los más útiles para conocer como principiante:

Gestos básicos:

- **Mover con un dedo**: Desliza un dedo por el trackpad para mover el cursor.

- **Tocar con un dedo:** selecciona o haz clic en algo (como un botón o un archivo).

- **Doble toque:** Abre elementos, como hacer doble clic con un mouse.

- **Hacer clic y arrastrar:** Presiona el trackpad y mueve el dedo para arrastrar una ventana o un archivo.

Gestos útiles con los dos dedos:

- **Desplazarse hacia arriba/abajo:** Coloca dos dedos en el trackpad y deslízalos hacia arriba o hacia abajo para desplazarte por las páginas.

- **Clic derecho:** Toca con dos dedos a la vez. Aparecerá un pequeño menú, que es como un "clic derecho" en un ratón tradicional.

- **Zoom (opcional):** Junta o separa dos dedos (como en un smartphone) para acercar o alejar algunas aplicaciones.

💬 **Consejo práctico: Intente** abrir Safari (el navegador web), coloque dos dedos en el trackpad y desplácese hacia arriba y hacia abajo por un sitio web. Ese movimiento se convertirá en una segunda naturaleza con el tiempo.

Ajustar el tamaño del teclado y la velocidad del mouse para mayor comodidad

La comodidad es importante, especialmente cuando usas tu MacBook durante períodos más largos. Apple te ofrece formas sencillas de ajustar el teclado y el trackpad para que se sientan mejor para tus manos y ojos.

Hacer que el texto del teclado sea más grande:

Esto no cambia el teclado en sí, pero ayuda a que las palabras en la pantalla sean más fáciles de ver cuando escribes.

1. Haz clic en el **logotipo de Apple** (esquina superior izquierda).

2. Selecciona **Configuración del sistema** (o "Preferencias del sistema" en Mac más antiguos).

3. Vaya a **Pantalla**.

4. Utilice el control deslizante **Tamaño de texto** para hacer las cosas más grandes.

Ajustar la velocidad del trackpad:

Si el puntero se mueve demasiado rápido o demasiado lento, puede solucionarlo.

1. Ve a **Configuración del sistema**.

2. Haz clic en **Trackpad**.

3. Busca el control deslizante "**Velocidad de seguimiento**": muévelo hacia la izquierda para más lento, hacia la derecha para más rápido.

Cambiar la repetición o el retraso de la tecla:

Si encuentras que las letras se repiten demasiado rápido mientras escribes, haz lo siguiente:

1. En **Configuración del sistema**, vaya a **Teclado**.

2. Ajuste los **controles deslizantes "Repetir** y **retrasar hasta repetir"** a velocidades más lentas.

Activar Touch ID (opcional):

Los MacBooks más nuevos te permiten desbloquear tu Mac con tu huella dactilar.

1. Ve a **Configuración del sistema**.

2. Haz clic en **Touch ID y contraseña**.

3. Siga las instrucciones para agregar su huella digital.

¡Esto puede ahorrarte tener que escribir tu contraseña cada vez!

Resumen rápido

☑ Aprendiste las teclas principales de tu teclado y lo que hacen

☑. Practicaste gestos básicos y de dos dedos en el trackpad

☑. Descubriste cómo hacer que el texto sea más grande y el cursor más fácil de controlar

☑. ¡Ya te estás sintiendo más cómodo con tu Mac!

Tómate tu tiempo. Si algo no hizo clic la primera vez, vuelve atrás y vuelve a intentarlo. Cuanto más practiques, más natural se sentirá, y lo estarás haciendo bien.

Capítulo 3: macOS simplificado

¿Qué es macOS? (Un tour para principiantes)

Cuando abres tu MacBook, el sistema que hace que todo funcione, desde hacer clic en los iconos hasta navegar por Internet, se llama **macOS**. Es el **sistema operativo Mac**, y puedes pensar en él como el cerebro detrás de tu computadora.

Cada pocos años, Apple actualiza macOS para que las cosas sean más rápidas, seguras y útiles. La versión más reciente en el momento de escribir este artículo se llama **macOS Sonoma**, pero ya sea que esté utilizando Sonoma o una versión anterior como Ventura o Monterey, los conceptos básicos de esta guía aún se aplicarán.

macOS está diseñado para ser limpio y simple, pero puede parecer desconocido si está acostumbrado a Windows o no ha usado una computadora en mucho tiempo. Es por eso que este capítulo se enfoca en ayudarte a sentirte como en casa.

Sonoma y más allá: Novedades

Si su MacBook ejecuta **macOS Sonoma**, aquí hay algunas características nuevas que puede notar:

- **Widgets en el escritorio** : pequeñas herramientas como relojes, tiempo o recordatorios que puedes agregar a la pantalla principal.

- **Nuevos protectores de pantalla** : videos escénicos que aparecen cuando tu Mac está inactivo.

- **Mejores herramientas de videollamadas** : funciones más divertidas y útiles para FaceTime y Zoom.

- **Herramientas de privacidad más** sólidas: mejor protección mientras navega en línea.

No te preocupes, no es necesario que aprendas todo de una vez. Este libro le mostrará cómo usar las funciones que más le importan.

Para comprobar la versión:

1. Haz clic en el logotipo de **Apple** en la esquina superior izquierda.

2. Selecciona **Acerca de este Mac.**

3. La versión de macOS que estés usando aparecerá cerca de la parte superior.

Buscar y abrir aplicaciones con el Dock y el Launchpad

macOS incluye muchas **apps útiles** (abreviatura de "aplicaciones"), como Safari para Internet, Mail para correo electrónico y Fotos para tus fotos. Hay dos formas sencillas de abrirlos:

1. El Dock (parte inferior de la pantalla)

- El Dock es la fila de iconos en la parte inferior de la pantalla. Es como la barra de atajos.

- Haz clic en cualquier icono del Dock para abrir la aplicación.

- Puedes mover los iconos o eliminar los que no utilices arrastrándolos fuera del Dock.

Iconos comunes del Dock que verás:

- **Finder (cara sonriente)** – Abre tus archivos

- **Safari (brújula)** – Navegador de Internet

- **Correo (sobre)** – Correo electrónico

- **Mensajes (burbuja de diálogo)** – Mensajes de texto

- **Fotos (flor)** – Tus fotos

Para agregar una app al Dock:

- Abra la aplicación desde **Launchpad** o **Finder** (ver más abajo), luego **haga clic**

con el botón derecho en su icono en el Dock y elija *"Mantener en Dock"*.

2. Launchpad (cuadrícula de aplicaciones)

- Haz clic en el icono de la plataforma de **lanzamiento** (parece un cohete plateado) en el Dock.

- Todas sus aplicaciones aparecerán en una cuadrícula, como la pantalla de un teléfono inteligente.

- Haga clic en cualquier aplicación para abrirla.

💡 **Consejo:** Si Launchpad tiene demasiados iconos, escribe el nombre de la aplicación en la barra de búsqueda de la parte superior.

Administrar ventanas, menús y el Finder

Cuando abres aplicaciones, estas aparecen en **ventanas** , cuadros que puedes mover, reducir o cerrar. Exploremos cómo gestionarlos:

Los botones rojo, amarillo, verde:

En la parte superior izquierda de cada ventana, verás tres círculos pequeños:

- **El rojo** cierra la ventana.

- **El amarillo** minimiza (oculta) la ventana en el Dock.

- **El verde** hace que la ventana esté en pantalla completa o salga en pantalla completa.

Mover y cambiar el tamaño de las ventanas:

- Haz clic y **arrastra la barra superior** de una ventana para moverla.

- Mueva el puntero a los bordes o esquinas para **cambiar el tamaño** de la ventana.

La barra de menú:

Ubicada en la **parte superior de la pantalla**, esta barra cambia según la aplicación que estés utilizando.

Por ejemplo, si estás en Safari, verás menús de "Safari" con palabras como "Archivo", "Editar" y "Ver". Haz clic en cada palabra para explorar opciones, como imprimir, guardar o deshacer acciones.

Usar el Finder para organizar tu Mac:

El **Finder** es tu administrador de archivos: considérelo como tu archivador digital.

Para abrirlo:

1. Haz clic en el **icono del Finder** (la cara sonriente azul y blanca) en el Dock.

2. Verás carpetas a la izquierda, como:

   - **Documentos**

   - **Descargas**

   - **Escritorio**

   - **Aplicaciones**

Puede abrir estas carpetas para buscar archivos, organizarlos en nuevas carpetas o eliminar todo lo que ya no necesite.

Para crear una nueva carpeta:

- Haga clic con el botón derecho en cualquier parte de la ventana del Finder y elija **Nueva carpeta**.

- Escriba un nombre y pulse **Retorno**.

41

Resumen rápido

☑ Ahora ya sabes qué es macOS y qué hace

☑ Aprendiste la diferencia entre el **Dock** y el **Launchpad**

☑ Exploraste cómo **mover, cambiar el tamaño y cerrar ventanas**

☑ Te familiarizaste con el **Finder**, tu archivador digital

Recuerda: no es necesario memorizarlo todo. Cuanto más explores, más familiar te resultará. Y cada vez que intentas algo nuevo, estás aprendiendo.

Capítulo 4: Personalización de tu MacBook

Una de las mejores cosas de tu MacBook es la facilidad con la que puedes hacer que se **sienta como si fuera tuyo**. Desde agrandar el texto hasta cambiar la foto de fondo, personalizar tu MacBook ayuda a que sea más fácil de usar y también más agradable.

Cambiar el fondo de pantalla y la configuración de pantalla

Tu **fondo de pantalla** es la imagen de fondo que ves en tu escritorio. Apple te ofrece muchas opciones hermosas, pero también puedes usar una foto personal si lo deseas.

Para cambiar el fondo de pantalla:

1. Haz clic en el **logotipo de Apple** en la esquina superior izquierda de la pantalla.

2. Selecciona **Configuración del sistema** (o *Preferencias del sistema*).

3. Elige **Fondo de pantalla o Protector de escritorio y pantalla**.

4. Navegue a través de las imágenes disponibles y haga clic en una para seleccionarla.

Si quieres usar tu propia foto:

- Haz clic en **Fotos** en el menú lateral.

- Selecciona una imagen de tus álbumes.

Consejo: Elige algo relajante o significativo, como una foto familiar o una vista panorámica, para que tu escritorio sea más acogedor.

Ajuste del brillo de la pantalla:

- Ve a **Configuración del sistema** > **Pantallas**.

- Utilice el **control deslizante Brillo** para aclarar u oscurecer la pantalla.

Una pantalla más brillante es buena durante el día, pero una ligeramente más tenue puede sentirse más cómoda por la noche.

Ampliación de texto e iconos para una mejor visibilidad

Si el texto te parece demasiado pequeño, no te preocupes: tu MacBook tiene opciones integradas para **que todo sea más fácil de ver**.

Para aumentar el tamaño del texto:

1. Ve a **Configuración del sistema** > **Pantallas**.

2. En **Tamaño del texto**, deslice la barra hacia la derecha para ampliar el texto del sistema.

Esto hará que el texto de la barra de menú, los botones y los nombres de las aplicaciones sean más grandes.

Para aumentar el tamaño del icono (para carpetas/archivos):

1. Abre cualquier carpeta con **el Finder**.

2. Haga clic con el botón derecho en cualquier lugar del espacio en blanco y elija **Mostrar opciones de vista**.

3. Ajuste los **controles deslizantes** Tamaño del icono **y** Tamaño del texto.

💡 También puedes mover los iconos haciendo clic en ellos y arrastrándolos: organiza las cosas como tenga sentido para ti.

Configuración del turno de noche, el modo oscuro y el zoom

Estas características ayudan a reducir la fatiga visual, especialmente con poca luz o durante largas sesiones de computadora.

Turno de noche:

Esta función hace que la pantalla sea más cálida (menos azul) por la noche, lo que es más suave para los ojos.

Para activarlo:

1. Vaya a **Configuración del sistema > Pantallas > Night Shift**.

2. Elija que se encienda **automáticamente** desde el atardecer hasta el amanecer.

Modo oscuro:

El modo oscuro cambia la pantalla a colores más oscuros. A muchas personas mayores les resulta más fácil leer, especialmente por la noche.

Para habilitar:

1. Vaya a **Configuración del sistema > apariencia**.

2. Elija **Oscuro**.

Puede volver al modo **Luz** en cualquier momento.

Zoom (lupa de pantalla):

Zoom le permite **ampliar cualquier parte de la pantalla**, lo cual es útil para leer texto pequeño.

Para activarlo:

1. Ve a **Configuración del sistema > Accesibilidad > Zoom**.

2. Activa el interruptor.

Una vez activado, puedes mantener pulsada **la tecla Control (^)** y desplazarte con dos dedos para acercar o alejar la imagen.

Ajustar el sonido, el volumen y las notificaciones

Asegurémonos de que los sonidos y las alertas de tu MacBook funcionen de la manera que deseas, sin ruidos fuertes repentinos ni mensajes perdidos.

Para ajustar el volumen:

- Use las teclas de **volumen** en la fila superior de su teclado.

- O vaya a **Configuración del sistema** > **Sonido** para ajustar el volumen manualmente.

También puedes:

- Elige tu **sonido de alerta**

- Ajustar **dispositivos de salida** (como auriculares o altavoces)

- Habilite **el silencio** si desea un silencio completo

Gestión de notificaciones:

Las notificaciones son pequeños mensajes emergentes que te avisan cuando sucede algo, como un nuevo correo electrónico o un recordatorio de calendario.

Para gestionarlos:

1. Ve a **Configuración del sistema > Notificaciones**.

2. Selecciona una aplicación (como Mail o Mensajes).

3. Elija si muestra alertas, sonidos o nada en absoluto.

💡 **Consejo:** Si tu Mac se siente demasiado "ruidosa" con las alertas, puedes desactivar las notificaciones de las apps que no usas con frecuencia.

Resumen rápido

☑ Cambiaste el fondo de pantalla y el brillo de   la

☑ pantalla Agrandaste el texto y los íconos para mejorar la visibilidad

☑ Aprendiste a usar **Night Shift**, **Dark Mode** y **Zoom**

☑ Ajustaste el sonido y las notificaciones para una experiencia más tranquila

Cuanto más personalices tu MacBook, más natural y cómodo se sentirá, como si te ajustaras un par de gafas de lectura hasta que todo esté perfectamente claro.

Capítulo 5: Mantenerse conectado

Tu MacBook no es solo una herramienta, es tu ventana al mundo. Ya sea que esté enviando un correo electrónico a un ser querido, navegando por sus sitios web favoritos o imprimiendo una receta, **estar conectado** es lo que hace que todo funcione sin problemas.

Este capítulo te explica cómo conectarte a una red Wi-Fi, emparejar dispositivos Bluetooth y usar impresoras o unidades USB, todo ello sin el estrés tecnológico

Configuración de Wi-Fi y Bluetooth

Cómo conectarse a una red Wi-Fi:

Wi-Fi le da a tu MacBook acceso a Internet, para que puedas navegar, enviar correos electrónicos, chatear por video y más.

1. Mira en la **esquina superior derecha** de la pantalla.

2. Haga clic en el **símbolo de Wi-Fi** (parece un ventilador u ondas de radio).

3. Aparecerá una lista de las redes disponibles.

4. Haga clic en el que coincida con el nombre de su red doméstica.

5. Ingrese la **contraseña de Wi-Fi** (generalmente está impresa en la parte posterior de su módem o enrutador).

6. Haga clic en **Unirse**.

Una vez que estés conectado, tu Mac recordará tu red, sin necesidad de volver a ingresar la contraseña la próxima vez.

Consejo: Si viajas o visitas a amigos, puedes conectarte a su Wi-Fi de la misma manera.

Cómo activar Bluetooth:

Bluetooth permite que tu Mac se conecte de forma inalámbrica con otros dispositivos como auriculares, teclados y altavoces.

1. Haz clic en el **logotipo de Apple** en la parte superior izquierda.

2. Ve a **Configuración del sistema > Bluetooth**.

3. Activa el Bluetooth (si aún no lo está).

4. Tu Mac buscará dispositivos cercanos.

5. Cuando veas tu dispositivo (por ejemplo, "JBL Speaker" o "Logitech Mouse"), haz clic en **Conectar**.

La mayoría de los dispositivos se emparejarán en segundos. Si se le solicita, siga las instrucciones adicionales que se muestran en la pantalla.

💡 **Consejo de Bluetooth para personas mayores:** Los auriculares inalámbricos son excelentes si desea escuchar música o ver videos sin molestar a nadie, y una vez emparejados, su Mac se conectará automáticamente la próxima vez.

Conexión de impresoras y dispositivos externos

A veces, querrá **imprimir un documento**, **ver fotos desde una unidad flash** o **conectar un**

teclado externo. Tu MacBook te lo pone fácil, incluso si es tu primera vez.

Para conectar una impresora (con cable o inalámbrica):

1. Conecte la impresora a su MacBook a través de USB **o** conéctela a la misma red Wi-Fi.

2. Abra **Configuración del sistema > Impresoras y escáneres**.

3. Haga clic en el botón **Agregar impresora**.

4. Tu Mac detectará la impresora. Haga clic en él y, a continuación, haga clic en **Agregar**.

Ahora puedes imprimir desde cualquier app, como Safari, Mail o Notas, yendo a **Archivo > imprimir** o pulsando **Comando + P**.

Para usar una unidad USB:

1. Conecta la unidad USB a un puerto de tu MacBook. (Si tu Mac solo tiene puertos USB-C, usa un adaptador pequeño).

2. La unidad aparecerá en tu **escritorio** o en **el Finder** en *Ubicaciones*.

3. Haga clic para abrir, ver, copiar o mover archivos.

Consejo: Expulse siempre **la unidad de forma segura antes de** desenchufarla. Haz clic con el botón derecho del ratón en el icono de USB y selecciona **Expulsar**, o arrástralo a la papelera (que se convierte en un icono de expulsión).

Conexión de accesorios externos:

¿Quieres conectar un **teclado**, **un ratón**, **un disco duro externo** o un **lector de tarjetas SD**?

- Para dispositivos con cable: conéctalo directamente al MacBook o a un adaptador USB.

- Para dispositivos inalámbricos: use **Bluetooth** (mencionado anteriormente).

Consejos comunes para la solución de problemas:

- Si tu Mac no reconoce un dispositivo, intenta desenchufarlo y volver a enchufarlo.

- Reiniciar la Mac a menudo resuelve problemas de conexión.

- Asegúrese de que el dispositivo esté encendido o cargado.

Resumen rápido

☑ Te conectaste a una red Wi-Fi, es decir, tu enlace a Internet

☑. Activaste el Bluetooth y emparejaste accesorios

☑ inalámbricos . Configuraste una impresora y aprendiste a usar unidades

☑ USB . Ganaste confianza al usar dispositivos externos con facilidad

Estar conectado es más que una característica tecnológica: es su puente hacia la comunicación, el aprendizaje, el entretenimiento y la alegría. Y ahora que sabes cómo mantenerte conectado, el mundo digital está al alcance de tu mano.

Capítulo 6: Aspectos esenciales de Internet y el correo electrónico

Una vez que estás conectado a una red Wi-Fi, **Internet** se convierte en tu puerta de entrada al mundo, ya sea que estés buscando información, leyendo las noticias o chateando con tus seres queridos. Este capítulo te ayuda a sentirte cómodo usando **Safari** (el navegador web de Apple) y **Mail** (tu aplicación de correo electrónico), dos herramientas esenciales para la vida diaria en tu MacBook.

Usar Safari: Navegar por la Web de forma segura

Safari es la aplicación que te permite explorar sitios web. Está representado por un icono de brújula azul: lo encontrarás en tu **Dock** en la parte inferior de la pantalla.

Cómo abrir Safari:

- Haz clic en el **icono de Safari** una vez para abrirlo.

- La ventana principal se abrirá con una barra de búsqueda en la parte superior.

Para visitar un sitio web:

1. Haga clic dentro de la **barra de direcciones** en la parte superior.

2. Escriba un nombre de sitio web (como *www.bbc.com* o *www.google.com*).

3. **Presione Retorno** en su teclado.

O simplemente escribe una pregunta o un tema: ¡Safari buscará en Internet por ti!

Consejos para una navegación segura:

- Busque sitios web que comiencen con **https** : la "s" significa seguro.

- Evite hacer clic en ventanas emergentes o anuncios que parezcan sospechosos.

- Nunca ingreses información personal en un sitio a menos que confíes en él.

💡 **Atajo de Safari:** Para volver a una página anterior, haz clic en la **flecha izquierda** en la parte superior izquierda de la ventana de Safari.

Creación y administración de marcadores

Si visitas ciertos sitios web con frecuencia, como noticias, recetas o tu banco, puedes **guardarlos como marcadores** para no tener que escribir la dirección cada vez.

Para agregar un marcador:

1. Mientras esté en el sitio web, haga clic **en "Marcadores"** en la barra de menú en la parte superior.

2. Elija **Add Bookmark (Agregar marcador)**.

3. Nómbralo algo fácil de recordar y haz clic en **Agregar**.

Para abrir un marcador guardado:

- Haz clic **en Marcadores** en el menú superior de nuevo y selecciona el que has guardado.

También puede organizar los marcadores en carpetas si tiene varios que desea tener a mano.

Configuración y uso de Apple Mail

La aplicación Mail **integrada de Apple** facilita el envío y la recepción de correos electrónicos. El icono tiene el aspecto de un sello postal: haz clic en él en el Dock para empezar.

Para configurar el correo electrónico:

1. **Abre Mail** por primera vez.

2. Le pedirá que inicie sesión con su **dirección de correo electrónico y contraseña**.

3. Siga las instrucciones: su correo electrónico se agregará a la aplicación.

Mail funciona con Gmail, Yahoo, iCloud, Outlook y la mayoría de los demás servicios de correo electrónico.

Para leer tu correo electrónico:

- Abre la **aplicación Correo**.

- A la izquierda, verás tu **bandeja de entrada**. Haga clic para ver los mensajes nuevos.

- Haga clic en un mensaje para leerlo en su totalidad en el lado derecho.

Para escribir un nuevo correo electrónico:

1. Haga clic en el **icono Nuevo mensaje** (un cuadrado con un lápiz).

2. Ingrese la dirección de correo electrónico de la persona en el campo "Para".

3. Agrega un **asunto** , como "¡Hola!" o "Fotos familiares".

4. Escribe tu mensaje.

5. Haga clic en **Enviar** (icono de avión de papel).

💡 **Consejo:** También puedes adjuntar fotos haciendo clic en el **icono del clip** en la ventana de mensajes y seleccionando archivos de tu Mac.

Evitar el spam y los correos electrónicos de phishing

Si bien la mayoría de los correos electrónicos son seguros, algunos pueden intentar engañarlo para que brinde información personal. Estos se denominan **correos electrónicos no deseados** o **de phishing**.

Signos de un correo electrónico sospechoso:

- Dice que ganaste un premio en el que no participaste.

- Le pide que confirme sus datos bancarios o contraseña.

- Tiene muchos errores ortográficos o se siente urgente.

Si algo parece extraño, **no** haga clic en ningún enlace ni responda.

Para eliminarlo:

- Seleccione el mensaje y haga clic en el icono de la **papelera** .

Para reportarlo como basura:

- Haga clic en el botón **Correo no deseado** en la barra de herramientas Correo.

☑ Recuerda: Tu banco o Apple nunca te pedirán información confidencial por correo electrónico.

Resumen rápido

☑ Aprendiste a usar **Safari** para navegar por Internet de forma segura

☑ . Guardaste tus sitios web favoritos con **Marcadores**

☑ . Configuraste y usaste la **app Mail** para enviar y recibir correos electrónicos

☑ . Aprendiste a reconocer y evitar **estafas por correo electrónico.**

Internet puede ser un lugar maravilloso cuando se usa sabiamente, y ahora, ha dado un gran paso hacia su uso con confianza y cuidado.

Capítulo 7: Comunicación con familiares y amigos

Una de las mayores alegrías de tener una MacBook es poder **estar cerca de las personas que te importan**, sin importar lo lejos que estés. Ya sea que se trate de una videollamada con tus nietos o de enviar un mensaje rápido de "pensando en ti" a un amigo, tu Mac lo hace fácil y divertido.

Configurar FaceTime y videollamadas

FaceTime es la aplicación integrada de Apple para llamadas de video y audio. Su uso es gratuito y funciona en cualquier dispositivo Apple, incluidos iPhones, iPads y MacBooks.

Para abrir FaceTime:

- Haz clic en el **icono de FaceTime** (una cámara de vídeo verde) en el Dock o en el Launchpad.

Para configurarlo:

1. Inicia sesión con tu **ID de Apple** (el mismo que usas para App Store o iCloud).

2. Asegúrese de que la **cámara y el micrófono** estén encendidos (por lo general, se encienden automáticamente).

Para hacer una llamada de FaceTime:

1. Abre la app FaceTime.

2. En la barra de búsqueda de la parte superior, escriba el nombre, el número de teléfono o la dirección de correo

electrónico de la persona a la que desea llamar.

3. Haga clic en **Vídeo** para iniciar una videollamada o **en Audio** para una llamada de solo voz.

Consejo: Si la persona está guardada en tus contactos, sólo tienes que empezar a escribir su nombre y aparecerá.

Durante la llamada:

- Haga clic en el **botón rojo** para colgar.

- Haga clic en los **iconos de la cámara o de silencio** para activar o desactivar el vídeo o el sonido.

💡 **Consejo útil para las personas mayores:** FaceTime es privado, seguro y perfecto para "ver" a tus seres queridos cuando no es posible visitarlos, especialmente durante las vacaciones o momentos especiales.

Usar Mensajes para mantenerse en contacto

Mensajes te permite enviar mensajes de texto, fotos, enlaces e incluso emojis, como en un smartphone. Es rápido, fácil e integrado en tu MacBook.

Para abrir mensajes:

- Haz clic en el **icono Mensajes** (un bocabocadillo azul) en el Dock.

Para enviar un mensaje:

1. Haga clic en el **icono Nuevo mensaje** (cuadrado con un lápiz).

2. Ingresa el número de teléfono de la persona, el correo electrónico de Apple ID o selecciona uno de tus contactos.

3. Escribe tu mensaje en el cuadro de la parte inferior.

4. **Pulsa Retorno** para enviarlo.

Para agregar una foto:

- Haga clic en el **icono Fotos** junto al cuadro de texto.

- Elige una foto de tu biblioteca.

Para usar emojis:

- Haz clic en el icono de la **cara sonriente** para añadir expresiones divertidas a tu mensaje.

Los mensajes funcionan entre todos los dispositivos Apple, por lo que si tu familia usa iPhones o iPads, recibirán tus mensajes de texto al instante.

💡 **Consejo adicional:** También puede enviar mensajes grupales a varias personas a la vez, perfecto para mantener a toda la familia informada.

Compartir fotos y archivos a través de iCloud

iCloud es el sistema de almacenamiento seguro de Apple que te permite compartir fotos, archivos y documentos en todos tus dispositivos Apple, o incluso con otras personas por correo electrónico o enlace.

Para usar iCloud para fotos:

1. Haz clic en la **aplicación Fotos** (un colorido icono de flor).

2. Asegúrate de que **Fotos de iCloud** esté activado yendo a:

   - **Configuración del sistema > ID de Apple > iCloud > Fotos → Activarlo.**

3. Cualquier foto agregada a su Mac ahora estará disponible en su iPhone, iPad u otros dispositivos Apple (y viceversa).

Para compartir una foto con alguien:

1. Abre **Fotos** y selecciona la imagen.

2. Haga clic en el **botón Compartir** (un cuadrado con una flecha apuntando hacia arriba).

3. Elija **Correo** o **Mensajes**, según cómo desee enviarlo.

Para compartir un archivo desde el Finder:

1. Abre **el Finder** y localiza el archivo.

2. Haz clic con el botón derecho del ratón en el archivo y selecciona **"Compartir > Mail"**, **"Mensajes"** o **"Copiar enlace"** (si usas iCloud Drive).

iCloud también mantiene seguros tus documentos importantes, incluso si algo le sucede a tu computadora.

Resumen rápido

☑ Aprendiste a usar **FaceTime** para videollamadas y llamadas

☑ de audio Enviaste mensajes con la **app**

☑ Mensajes Compartiste fotos y documentos de forma segura a través de **iCloud**

Con solo unos pocos clics, puede mantenerse conectado, no solo a través de palabras, sino también a través de sonrisas, historias y momentos compartidos. Tu MacBook no es solo una máquina; Es tu puente hacia las personas que más importan.

Capítulo 8: Administración de archivos y carpetas

Tu MacBook no es solo una herramienta para enviar correos electrónicos y navegar, es un lugar donde puedes **almacenar y organizar todo lo que es importante para ti**: documentos, fotos familiares, cartas, recetas y más. En este capítulo, veremos cómo crear, guardar, buscar y organizar archivos y carpetas con confianza.

Crear, guardar y organizar archivos

Cuando usas una app como **Pages** (para escribir) o **Vista previa** (para leer documentos), puedes **guardar tu trabajo como un archivo** y almacenarlo en tu Mac para usarlo en el futuro.

Crear y guardar un archivo:

Supongamos que escribes una carta usando **Pages**:

1. Abre la app **Pages**.

2. Escribe tu carta.

3. Cuando hayas terminado, haz clic **en Archivo** en la barra de menú de la parte superior izquierda.

4. Elija **Guardar** o **Guardar como**.

5. Dale un nombre a tu archivo, por ejemplo, *"Carta a Sarah"*.

6. Elija dónde guardarlo (sugerimos la carpeta **Documentos**).

7. Haga clic en **Guardar.**

Su archivo ahora está guardado y se puede abrir, editar o compartir en cualquier momento.

Organización de archivos en carpetas:

Para mantener las cosas ordenadas, es una buena idea colocar los archivos relacionados en carpetas, tal como lo harías en un archivador.

1. Abre el **Finder** (icono de cara sonriente en el Dock).

2. Vaya a la carpeta en la que desea crear una nueva (como Documentos).

3. Haga clic con el botón derecho en cualquier parte del espacio en blanco.

4. Haga clic en **Nueva carpeta**.

5. Asígnele un nombre (como "Cartas familiares" o "Recetas") y presione **Retorno.**

6. Ahora, puedes **arrastrar archivos a la carpeta** para mantenerte organizado.

Consejo: Si alguna vez pierdes la cuenta de dónde guardaste algo, no te preocupes, eso lo explicaremos a continuación.

Usar el Finder para localizar cualquier cosa

Finder es la herramienta integrada de tu Mac para buscar y organizar archivos: considérelo como tu asistente personal para todo lo que hay en tu computadora.

Para abrir el Finder:

- Haz clic en el icono del **Finder** (cara sonriente) en el Dock.

La ventana del Finder tiene dos partes:

- **Barra lateral a la izquierda:** Acceso rápido a ubicaciones clave como **Escritorio**, **Documentos**, **Descargas**, **Aplicaciones** y **iCloud Drive**.

- **Área principal a la derecha:** muestra el contenido de la carpeta que seleccione.

Para encontrar un archivo rápidamente:

1. Abre el Finder.

2. Use la **barra de búsqueda** en la esquina superior derecha.

3. Escriba una palabra del nombre del archivo, o incluso una palabra dentro del documento.

4. Finder mostrará los resultados que coincidan.

Puede hacer doble clic en cualquier resultado para abrirlo.

💡 **Consejo para personas mayores:** No se preocupe por memorizar las rutas de los archivos. Utilice la función de búsqueda siempre que algo se "pierda". Funciona igual que Google: escribe lo que recuerdes y tu Mac hará el resto.

Cómo usar unidades externas y memorias USB

Las unidades externas y las memorias USB son útiles cuando desea **hacer copias de seguridad de archivos**, **transferir documentos** o **compartir fotos** con alguien que no usa el correo electrónico.

Enchufarlo:

- Inserta la memoria USB o la unidad externa en el puerto de tu MacBook.

- Si tu Mac solo tiene puertos USB-C, es posible que necesites un adaptador pequeño.

Una vez conectado:

- Aparecerá un nuevo **icono** en su escritorio.

- También verás la unidad en la lista de **Finder**, en *Ubicaciones*.

Copiar archivos a la unidad:

1. Abra **el Finder** y localice el archivo que desea copiar.

2. Haz clic y **arrástralo** al icono de la unidad USB.

3. El archivo se copiará automáticamente.

Expulsión segura:

Antes de extraer la unidad:

- Haga clic con el botón derecho en el icono de la unidad y seleccione **Expulsar**.

- O arrastra el icono a la Papelera (cambiará a un símbolo de expulsión).

- Una vez que desaparezca de la pantalla, puede desenchufarlo de manera segura.

💡 **¿Por qué expulsar primero?** Evita que sus archivos se dañen o se pierdan durante la eliminación.

Resumen rápido

☑ Has aprendido a crear y guardar archivos

☑ Has organizado tu trabajo en carpetas

☑ Has utilizado Finder para localizar documentos

☑ Has utilizado de forma segura unidades USB y almacenamiento externo

La gestión de tus archivos puede parecer pequeña, pero aporta **una sensación de orden, control y tranquilidad,** especialmente cuando tus cartas personales, documentos importantes y recuerdos preciosos están en el mismo lugar donde puedes encontrarlos.

Capítulo 9: Fotos, música y entretenimiento

Tu MacBook es más que una herramienta para mensajes y archivos: es una ventana a tus momentos e historias favoritas. Ya sea que quieras **ver fotos familiares antiguas, escuchar tus canciones favoritas** o **ver una película en una noche tranquila**, tu Mac lo hace fácil y divertido.

Visualización y organización de fotos

La **app Fotos** es el lugar donde se encuentran todas tus fotos, incluidas las tomadas con tu iPhone (si estás conectado a iCloud) o importadas desde una memoria USB o una cámara.

Para abrir la aplicación Fotos:

- Haz clic en el **icono Fotos** (una flor de colores) en el Dock o en el Launchpad.

Visualización de las imágenes:

- Verás **Biblioteca**, **Álbumes** y **Favoritos** a la izquierda.

- Haga clic **en Biblioteca** para ver todas las imágenes en el orden en que se tomaron.

- Haga doble clic en cualquier foto para verla más grande.

Organizar fotos en álbumes:

1. En la app Fotos, haz clic en **Archivo > nuevo álbum**.

2. Ponle un nombre a tu álbum (por ejemplo, *Viaje familiar 2023*).

3. Seleccione las fotos que desea agregar.

4. Arrástralos a tu nuevo álbum.

Puedes crear álbumes para cumpleaños, vacaciones, nietos, lo que sea que te traiga alegría.

Importar fotos desde una memoria USB:

1. Conecte el USB.

2. Abre **Fotos**.

3. Haz clic en **"Importar > de archivos"** y, a continuación, selecciona las fotos de la unidad USB.

4. Haga clic en **Revisar para importar** y, a continuación, **en Importar todo** (o seleccione los que desee).

 Consejo: Marca tus fotos favoritas con un icono de corazón, ya que se añadirán automáticamente a tu **álbum de favoritos**.

Editar y compartir recuerdos

No necesitas ser fotógrafo para que tus fotos se vean mejor. La **función Editar** de la aplicación Fotos te permite hacer correcciones sencillas con unos pocos clics.

Para editar una foto:

1. Abre cualquier foto.

2. Haga clic en el **botón Editar** (esquina superior derecha).

3. Pruebe estas sencillas herramientas:

   o **Automático** : permite que tu Mac ajuste el brillo y el contraste automáticamente.

   o **Recortar** : recorta partes de la imagen.

   o **Rotar** : fija las fotos de lado.

- ○ **Filtros** : agregue efectos divertidos.

Cuando estés satisfecho, haz clic en **Listo**.

Para compartir una foto:

1. Selecciona la foto.

2. Haga clic en el **botón Compartir** (un cuadrado con una flecha hacia arriba).

3. Elige cómo enviarlo: por **Mail**, **Mensajes** o **AirDrop** (para compartir de Apple a Apple).

Cómo usar Apple Music, Podcasts y YouTube

Tu Mac puede reproducir todo tipo de entretenimiento de audio, desde tus canciones clásicas favoritas hasta podcasts y programas de radio que se sienten como una buena compañía.

Apple Music (incorporado):

- Haz clic en la **app Música** (un icono de nota musical).

- Puedes escuchar emisoras de radio gratuitas o, si estás suscrito, acceder a una gran biblioteca de canciones.

- Para reproducir una canción o un álbum, haz clic en **Examinar** o usa la barra de búsqueda.

Consejo adicional: Si no desea una suscripción, aún puede disfrutar de la **pestaña Radio** dentro de la aplicación Música, de uso gratuito.

Podcasts (programas de audio hablado):

- Abre la **aplicación Podcasts** (icono morado con ondas sonoras).

- Busca por temas, como la historia, la fe, los pasatiempos o las noticias.

- Haz clic en **Seguir** para mantenerte al día con los nuevos episodios automáticamente.

YouTube (a través de Safari):

1. Abre **Safari** y ve a www.youtube.com.

2. Use la barra de búsqueda para buscar videos musicales, programas o cualquier tema de interés.

3. Haz clic para jugar. Es así de simple.

💡 **A las personas mayores les encanta esto:** escriba palabras clave como "música relajante", "sermones de la iglesia" o "programas de comedia clásicos", y disfrute de una biblioteca interminable de contenido gratuito.

Ver TV y películas en el Apple TV

La **app Apple TV** te permite alquilar o transmitir películas y programas, tanto gratis como de pago. No necesitas un dispositivo Apple TV por separado para usarlo en tu MacBook.

Para abrir el Apple TV:

- Haz clic en el **icono del televisor** en el Dock o en el Launchpad.

Dentro de la aplicación:

- Explora **Ver ahora**, **películas** y **programas de TV**.

- Algunos contenidos son gratuitos; otros pueden requerir una tarifa de alquiler o suscripción.

Para ver algo:

- Haz clic en un título y, a continuación, selecciona **Jugar**, **Alquilar** o **Suscribirse** (según la disponibilidad).

- Siéntate y disfruta: el modo de pantalla completa te hace sentir como tu propio cine en casa.

Consejo adicional: Use **auriculares** para un mejor sonido o escuche en silencio a altas horas de la noche.

Resumen rápido

☑ Abriste y organizaste fotos en la **app**

☑ Fotos Hiciste ediciones básicas de fotos y compartiste imágenes fácilmente

☑ Escuchaste música, podcasts y
exploraste YouTube

☑ Viste películas y programas de TV con la
app Apple TV

Ya sea que te estés relajando, recordando o descubriendo algo nuevo, tu MacBook te abrirá un mundo de entretenimiento: sin cable, sin CD, sin complicaciones. Simplemente haga clic, disfrute y sonría.

Capítulo 10: Mantenerse seguro y protegido

El uso de una MacBook debería ser seguro y sin estrés, y la buena noticia es que Apple construye sus computadoras teniendo **en cuenta la seguridad**. Pero al igual que cerrar la puerta de entrada, hay algunos hábitos y configuraciones simples que pueden ayudar a mantener su vida digital privada, segura y sin preocupaciones.

En este capítulo, aprenderá a **crear contraseñas seguras, usar Touch ID, administrar la configuración de seguridad** y comprender los consejos básicos de privacidad para mantenerse protegido en línea.

Creación de contraseñas seguras

Su contraseña es la **primera línea de defensa** para mantener seguras su MacBook y sus cuentas en línea. Una contraseña segura es:

- **No es fácil de adivinar**

- **Al menos 8 caracteres**

- **Una mezcla de letras, números y símbolos**

Cómo cambiar o establecer la contraseña de tu Mac:

1. Haz clic en el **logotipo de Apple** (esquina superior izquierda).

2. Ve a **Configuración del sistema > Usuarios y grupos**.

3. Haz clic en el nombre de tu cuenta y, a continuación, selecciona **"Cambiar contraseña"**.

Conviértelo en algo **memorable para ti** , pero difícil de adivinar para los demás. Evite usar nombres, cumpleaños o palabras simples como "contraseña".

💡 **Consejo para personas mayores:** Si tiene problemas para recordar contraseñas, use una **computadora portátil** almacenada de manera segura en casa o considere un administrador de contraseñas confiable como 1Password o el llavero integrado de Apple.

Configuración de la protección con Touch ID o contraseña

Si su Mac tiene un **botón Touch ID** (generalmente en los modelos más nuevos), puede usar su huella digital en lugar de escribir su contraseña cada vez.

Para configurar Touch ID:

1. Ve a **Configuración del sistema > Touch ID y contraseña**.

2. Haz clic en **"Agregar huella dactilar"** y coloca el dedo en el sensor Touch ID (por lo general, la tecla superior derecha).

3. Siga las instrucciones que aparecen en pantalla.

Touch ID se puede utilizar para:

- Desbloquea tu Mac

- Autorizar compras en la App Store

- Rellena   las   contraseñas
  automáticamente

Si tu Mac no tiene Touch ID, no te
preocupes: una contraseña segura es igual
de segura.

Administración de la configuración de seguridad y las alertas de estafas

Apple incluye herramientas de seguridad
integradas para ayudar a mantener tu Mac
seguro, pero puedes agregar capas
adicionales de protección con solo unos
pocos clics.

Encienda su firewall:

1. Vaya a **Configuración del sistema** > **Red** > **Firewall**.

2. Actívalo para bloquear las conexiones entrantes no deseadas.

Habilitar actualizaciones automáticas:

Las actualizaciones de software incluyen correcciones de seguridad importantes.

Para activar las actualizaciones automáticas:

1. Vaya a **Configuración del sistema** > **General** > **actualización de software**.

2. Asegúrate de que la **opción Actualizaciones automáticas** esté activada.

De esta manera, tu Mac se mantiene actualizado y protegido, sin que tengas que hacer nada más.

Tenga cuidado con las ventanas emergentes fraudulentas y las advertencias falsas:

A veces, mientras navega en línea, puede ver mensajes que dicen cosas como:

- *"¡Tu Mac está infectado!"*

- *"Llame a este número para solucionar un problema".*

- *"Haga clic aquí para acelerar su computadora".*

Casi siempre se trata de **estafas**. **No haga clic, llame ni descargue nada** de estas ventanas emergentes.

Qué hacer en su lugar:

- Cierre la pestaña del navegador inmediatamente.

- Si algo no se cierra, presione **Comando + Q** para salir de la aplicación.

- Reinicie su Mac y ejecute **Configuración del sistema > Actualización general > software** solo para estar seguro.

💡 **Recordatorio amistoso:** Apple nunca te llamará ni te pedirá acceso remoto a tu computadora.

Usar Time Machine para hacer una copia de seguridad de tu Mac

Hacer una copia de seguridad de tus archivos garantiza que **nunca pierdas documentos, fotos o correos electrónicos importantes**, incluso si algo sale mal con tu Mac.

La herramienta de copia de seguridad de Apple se llama **Time Machine** , y una vez que está configurada, hace todo automáticamente.

Para usar Time Machine:

1. Conecte un disco duro externo (pida ayuda para elegir uno si es necesario).

2. Ve a **Configuración del sistema** > **Time Machine**.

3. Seleccione la unidad y haga clic en **Usar como disco de copia de seguridad**.

Time Machine ahora hará copias de seguridad de tus archivos con regularidad, sin necesidad de trabajo adicional.

Resumen rápido

☑ Has creado una contraseña

☑ segura para Mac Has configurado **Touch ID** (si está disponible)

☑ Has activado **la configuración de seguridad** clave y las actualizaciones

☑ automáticas Has aprendido a evitar las estafas y las ventanas emergentes

☑ en línea Has empezado a proteger tus archivos con **las copias de seguridad de Time Machine**

Un MacBook seguro es un MacBook tranquilo, y ahora que tienes estos conceptos básicos de seguridad cubiertos, puedes explorar el mundo digital con confianza y tranquilidad.

Capítulo 11: Aplicaciones esenciales para la vida cotidiana

Tu MacBook es más que una computadora: es un asistente personal que puede ayudarte a mantenerte **organizado, recordar fechas importantes, obtener direcciones, consultar el clima y más**. ¿Y la mejor parte? Muchas de estas herramientas vienen ya instaladas, listas para usar.

En este capítulo, exploraremos algunas de las aplicaciones más útiles para la vida diaria y le mostraremos cómo aprovecharlas al máximo con solo unos pocos clics.

Calendario, notas y recordatorios

Estas tres aplicaciones son excelentes para mantener tu vida organizada, ya sea que desees recordar una cita con el médico, anotar una receta o crear una lista de tareas diarias.

Calendario

La **app Calendario** te ayuda a llevar un registro de cumpleaños, citas, días festivos y eventos.

Para abrirlo:

- Haz clic en el **icono de Calendario** (una página roja y blanca) en el Dock.

Para agregar un evento:

1. Haga clic en el **botón "+"** en la parte superior izquierda.

2. Introduzca el nombre del evento (por ejemplo, "Almuerzo con María").

3. Elige la **fecha y la hora**.

4. Haga clic en Agregar.

Consejo: Puedes configurar recordatorios para los próximos eventos para que tu Mac te notifique con antelación.

Notas

La **app Notas** es perfecta para escribir cualquier cosa: listas de la compra, contraseñas, ideas de regalos o reflexiones.

Para abrirlo:

- Haz clic en el **icono Notas** (un bloc de notas amarillo y blanco) en el Dock.

Para crear una nota:

1. Haga clic en el **botón Nueva nota** (un cuadrado con un lápiz).

2. Empieza a escribir. Las notas se guardan automáticamente.

También puede **agregar listas de verificación**, **insertar fotos** u **organizar notas en carpetas**.

Recordatorios

Si necesitas ayuda para recordar tareas, la **app Recordatorios** es tu lista digital de tareas pendientes.

Para abrirlo:

- Haga clic en el **icono Recordatorios** (una lista blanca con puntos de colores).

Para crear un recordatorio:

1. Haz clic en **Nuevo recordatorio**.

2. Escriba su tarea (por ejemplo, "Tome el medicamento a las 8 a.m.).

3. Agregue una hora o fecha para una notificación.

💡 **Consejo para personas mayores**: Use recordatorios para medicamentos, pagos de facturas o incluso "Llame a los nietos todos los domingos".

Uso de mapas y clima

Estas dos aplicaciones te ayudan a **planificar tu día**, ya sea que salgas o simplemente tengas curiosidad por lo que sucede afuera.

Mapas

La **app Mapas** te ayuda a obtener indicaciones y ver lugares de todo el mundo.

Para abrirlo:

- Haga clic en el **icono Mapas** (un símbolo de mapa azul).

Para encontrar direcciones:

1. Escribe la dirección o el nombre del lugar en la barra de búsqueda.

2. Haz clic en **Indicaciones**.

3. Ingrese su punto de partida (su dirección a menudo se agrega automáticamente).

4. Elija **conducir**, **caminar** o **usar el transporte público**.

5. Tu ruta aparecerá con indicaciones paso a paso.

Incluso si no conduces, Mapas es ideal para verificar distancias, encontrar restaurantes o ubicar puntos de referencia.

Tiempo

La **aplicación Tiempo** te indica las condiciones actuales y el pronóstico.

Para abrirlo:

- Abre **Safari** y, a continuación, ve a www.weather.com,

- O bien, puedes **preguntarle a Siri** diciendo: *"¿Qué tiempo hace hoy?"*

Verás:

- Temperatura

- Viento y humedad

- Pronóstico a 7 días

💡 **Consejo adicional:** ¡Puede agregar varias ciudades (como donde viven sus hijos) para verificar su clima también!

La App Store: Cómo descargar aplicaciones útiles

El **App Store** es el lugar donde puedes encontrar más apps: muchas son gratuitas y están diseñadas para hacer la vida más fácil, más divertida o más productiva.

Para abrirlo:

- Haz clic en el icono de la **App Store** (una "A" blanca sobre un fondo azul).

Para descargar una aplicación:

1. Usa la **barra de búsqueda** para buscar aplicaciones como:

   - "Zoom" para videollamadas

   - "Biblia" para lectura diaria

   - "Solitario" para juegos

2. Haz clic en el **botón Obtener** (o en el precio, si se trata de una aplicación de pago).

3. Ingresa la **contraseña de tu ID de Apple o usa Touch ID** para confirmar.

4. La aplicación se instalará y aparecerá en tu **Launchpad o Dock**.

💡 **Sugerencia amistosa: Comience** con una o dos aplicaciones simples que coincidan con sus intereses, no hay prisa por explorarlas todas.

Resumen rápido

☑ Usaste **Calendario, Notas y Recordatorios** para mantenerte organizado ☑ . Exploraste **Mapas** para obtener indicaciones y **el Clima** para planificar tu día

☑ . Aprendiste a **buscar y descargar apps útiles** de la App Store

Con solo unas pocas apps básicas, tu MacBook se convierte en tu agenda personal, diario, asistente y ayudante diario, al alcance de tu mano.

Capítulo 12: Solución de problemas y consejos

Incluso con un dispositivo fácil de usar como una MacBook, las cosas no siempre salen a la perfección, y eso está bien. Ya sea que un botón no responda, un archivo se pierda o algo simplemente se sienta "mal", este capítulo está aquí para ayudarlo a **resolver problemas comunes de manera rápida y tranquila.**

Recuerda: no puedes "romper" tu MacBook por accidente. La mayoría de los problemas tienen soluciones fáciles, y no estás solo. Repasemos algunos de los consejos y trucos más útiles.

Solucionar problemas comunes paso a paso

Problema 1: "Mi pantalla está congelada".

- **Solución:** Mantenga presionado el **botón de encendido** hasta que la pantalla se vuelva negra.

- Espere 10 segundos y, a continuación, vuelva a pulsar el botón para reiniciar.

Consejo: A esto se le llama "reinicio forzado". Es seguro hacerlo cuando tu Mac no responde.

Problema 2: "Una aplicación no se cierra".

- Haz clic en el **logotipo** de Apple (arriba a la izquierda) y, a continuación, selecciona **"Forzar salida"**.

- Elige la aplicación que no responde y haz clic en **Forzar salida**.

Esto no dañará su computadora, es como cerrar una puerta atascada suavemente.

Problema 3: "No puedo encontrar un archivo que guardé".

- Abre **el Finder** (icono de cara sonriente).

- Haz clic en la **barra de búsqueda** (esquina superior derecha) y escribe parte del nombre del archivo o una palabra que recuerdes de su interior.

- Si sigues sin encontrarlo, comprueba **Descargas**, **Documentos** o **Escritorio** en la barra lateral del Finder.

Problema 4: "No tengo sonido".

- Asegúrese de que el **volumen esté alto** (use las teclas del altavoz en la parte superior del teclado).

- Vaya a **Configuración del sistema > Sonido** y verifique si se seleccionó el altavoz correcto.

- Si usas auriculares, asegúrate de que estén enchufados correctamente o conectados a través de Bluetooth.

Problema 5: "Mi Wi-Fi no funciona".

- Haga clic en el **icono de Wi-Fi** en la parte superior de la pantalla.

- Desactiva "Wi-Fi" y, a continuación, **vuelve a activarlo**.

- Si es necesario, reinicia tu Mac y vuelve a conectarte a tu red doméstica.

💡 **Consejo para personas mayores:** Si un problema persiste, reiniciar su Mac a menudo lo soluciona. No tengas miedo de intentar un reinicio primero.

Cuándo reiniciar o actualizar

Como cualquier máquina, su Mac a veces necesita una actualización.

Cuándo reiniciar:

- Las aplicaciones se ejecutan con lentitud

- Notas fallos o retrasos

- El sistema se siente "atascado"

Haga clic en el logotipo de **Apple** > **Reiniciar**. Espere a que se apague y vuelva a iniciarse, esto elimina pequeños problemas de memoria.

Cuándo actualizar:

- Se te pedirá que instales actualizaciones

- Desea las últimas funciones o correcciones de seguridad

Para buscar actualizaciones:

1. Haz clic en el logotipo de **Apple** > **en Configuración del sistema**.

2. Elija **Software Update (Actualización de software)**.

3. Si hay una actualización disponible, haga clic en **Actualizar ahora**.

Las actualizaciones de Apple son seguras y, por lo general, tardan solo unos minutos.

Dónde obtener ayuda (Soporte técnico y foros de Apple)

Nunca tendrá que enfrentar un problema solo: hay mucha ayuda disponible.

1. Sitio web de soporte de Apple:

Ve a support.apple.comEscribe tu pregunta (por ejemplo, "cómo imprimir una foto") y explora artículos útiles.

2. Aplicación de soporte de Apple:

Descarga la app gratuita **de soporte de Apple** desde el App Store. Ofrece chat en vivo, tutoriales y ayuda para programar.

3. Ayuda en persona:

Visita un **Apple Store** y habla con un **técnico de Genius Bar** : las citas son gratuitas.

Consejo: Lleva tu MacBook y los datos de tu ID de Apple si vas en persona.

Restablecimiento o apagado correcto

Para apagar:

1. Haz clic en el **logotipo de Apple**.

2. Seleccione **Apagar**.

3. Espere a que la pantalla se vuelva negra antes de cerrar la tapa.

Para restablecer (si tu Mac se comporta mal):

- Utilice **Reiniciar** en el mismo menú. Esto no eliminará ningún archivo, simplemente actualizará el sistema.

Importante: Solo realiza un restablecimiento completo

(restablecimiento de fábrica) si el Soporte técnico de Apple te lo aconseja o si vas a regalar tu Mac.

Resumen rápido

☑ Aprendiste a solucionar problemas comunes como bloqueos, falta de sonido o archivos

☑ faltantes Entendiste cuándo y cómo **reiniciar o actualizar** tu Mac

☑ Descubriste dónde **obtener ayuda confiable**, tanto en línea como en persona

☑ Practicaste apagados y reinicios seguros

La tecnología puede actuar mal a veces, pero ahora **sabes exactamente qué hacer, con calma, claridad y confianza.** Has recorrido un largo camino y tienes las herramientas para seguir adelante.

SECCIÓN EXTRA: Referencia rápida y guías prácticas

Esta sección adicional es la **hoja de trucos de tu MacBook** , perfecta para recordatorios rápidos, correcciones sencillas y ayuda diaria sin tener que buscar en todo el libro.

Atajos de teclado de MacBook (lista para personas mayores)

Estos sencillos atajos de teclado pueden ahorrarte tiempo:

- **Comando (⌘) + C** = Copiar
- **Comando (⌘) + V** = Pegar
- **Comando (⌘) + z** = Deshacer
- **Comando (⌘) + Q** = Salir de la aplicación
- **Comando (⌘) + P** = Imprimir

- **Comando (⌘) + barra espaciadora** = Abrir búsqueda de Spotlight

- **Comando (⌘) + Tab** = Cambiar entre aplicaciones abiertas

- **Comando (⌘) + Mayús + 3** = Toma una captura de pantalla de tu pantalla

💡 Consejo: No te preocupes si te olvidas de estos. Siempre puedes hacer las tareas manualmente: los atajos son solo opcionales para ahorrar tiempo.

Lista de verificación de seguridad en Internet

Antes de hacer clic o escribir en cualquier sitio web:

☑ ¿Es correcta la dirección del sitio web? (Tenga cuidado con las ortografías extrañas).

128

☑ ¿Comienza con "**https**"? (El **s** significa seguro.)

☑ ¿Estás evitando las ventanas emergentes que dicen "Tu Mac está infectado"?

☑ Nunca compartas información bancaria, contraseñas o datos personales a menos que sea un sitio de confianza.

☑ Si no está seguro , cierre la página. Siempre puedes preguntarle a alguien o consultar con Apple.

Consejos diarios de mantenimiento de Mac

Mantener tu Mac en buen estado es fácil cuando se hace poco a poco:

- ✔ **Cierra las aplicaciones que no estés usando** para que todo funcione sin problemas

- ✔ **Reinicia tu Mac una vez a la semana** : borra pequeños errores

- ✔ **Hacer una copia de seguridad con Time Machine semanalmente** (si está configurado)

- ✔ **Limpie el teclado y la pantalla suavemente** con un paño suave

- ✔ **Elimina los archivos antiguos que ya no necesites** : mantén tu Mac ordenado y rápido

Glosario: Términos técnicos comunes simplificados

Aplicación: un programa que le permite hacer algo, como enviar correos electrónicos o fotos.

Dock: la fila de íconos en la parte inferior de la pantalla

. **Finder:** una herramienta para explorar y abrir sus archivos y carpetas

. **iCloud**: el almacenamiento en línea de Apple para fotos, archivos y copias de seguridad.

Touch ID: un botón de huella digital para desbloquear su Mac

. **Barra de menú**: la franja superior de su pantalla con opciones del sistema

. **Wi-Fi** – Conexión inalámbrica a Internet

Bluetooth – Conexión inalámbrica para auriculares, altavoces o teclados

Configuración del sistema: dónde ajusta la configuración de su Mac (también llamada Preferencias)

Safari: el navegador de Internet de Apple

Escritorio: la pantalla de "inicio" donde se pueden colocar sus carpetas o archivos

Lista de verificación de fin de capítulo: ¿Tienes...?

▨ Aprendiste a encender, configurar y personalizar tu MacBook

▨ Se conectó a una red Wi-Fi, usó Safari y envió su primer correo electrónico

▨ Hizo una llamada de FaceTime o una videollamada a un amigo o familiar

▨ Archivos y fotos organizados en carpetas o álbumes

▨ Música, podcasts o películas

▨ exploradas Aprendió a solucionar problemas simples y obtener ayuda cuando fuera necesario

▨ Ganaste la confianza para explorar aplicaciones que se adapten a tu vida e intereses.

Si has comprobado la mayoría de ellos, habrás recorrido un largo camino, y tu MacBook es ahora una parte útil de tu rutina diaria.

Palabras finales: Una nota del autor

Estimado lector,

Si has llegado a esta última página, quiero que te detengas un momento y te sientas orgulloso.

No solo abriste un libro. Abriste la puerta para aprender algo nuevo, algo que alguna vez pudo haberse sentido intimidante o incluso fuera de tu alcance. Y lo hiciste con paciencia, curiosidad y coraje.

Ya sea que hayas comenzado este viaje para volver a conectarte con tus seres queridos, explorar Internet, organizar tus recuerdos o simplemente sentirte más independiente en un mundo digital, espero que esta guía te haya ayudado a sentirte más en casa con tu MacBook y más seguro de tus habilidades.

Recuerda, el aprendizaje no se detiene aquí. Puedes volver a cualquier capítulo cuando necesites un repaso. Puede probar nuevas aplicaciones, explorar nuevas herramientas o simplemente disfrutar de sus funciones favoritas con facilidad.

¿Y si las cosas salen mal a veces? Está bien. Todo el mundo, sí, todo el mundo, tiene momentos de confusión con la tecnología. Pero ahora sabes cómo manejar esos momentos, con calma y claridad.

Tu MacBook es potente, pero tú también lo eres. Así que adelante: explora, crea, conecta y disfruta de cada momento.

Con todo mi aliento,

[ALBERT F. JOHNSON]

www.ingramcontent.com/pod-product-compliance
Lightning Source LLC
LaVergne TN
LVHW051655050326
832903LV00032B/3829